un cuerpo negro

a black body

MUSEO SALVAJE

Colección de poesía

_____

Poetry Collection

WILD MUSEUM

Lubi Prates

UN CUERPO NEGRO

A BLACK BODY

Traducción / Translation

Martina Altalef/ Chris Daniels and Grace Holleran

Prefacio/Preface

Sândrio Cândido

ABISINIA

Nueva York Poetry Press®

escarabajo

Nueva York Poetry Press LLC
128 Madison Avenue, Oficina 2RS
New York, NY 10016, USA
Teléfono: +1(929)354-7778
nuevayork.poetrypress@gmail.com
www.nuevayorkpoetrypress.com

LIBRO EN COEDICIÓN SIMULTÁNEA:
© Primera edición en Buenos Aires, 2020, Abisinia Editorial
© Primera edición en Bogotá: 2020, Editorial Escarabajo Ltda.

un cuerpo negro
a black body
© 2020, Lubi Prates

© Traducción: Martina Altalef &
Chris Daniels and Grace Holleran

© Prefacio: Sândrio Cândido

ISBN: 978-1-950474-80-6

© Colección Museo Salvaje Vol. 19
(Homenaje a Olga Orozco)

Corrección literaria: Fredy Yezzed, Eduardo Bechara Navratilova & autora
© Concepto de colección y edición: Marisa Russo
© Diseño de colección y cubierta: William Velásquez Vásquez
© Foto autor: Mayara Barbosa

Lubi Prates
un cuerpo negro/ A Black Body. Lubi Prates 1a edi-- New York: Nueva York Poetry
Press, 2020. 124p. 5.25 x 8 inches

1. Poesía brasileña. 2. Poesía sudamericana. 3. Literatura latinoamericana.

un cuerpo negro

a black body

para mi madre,
mi fuerza mayor en esta vida.

para la dueña de los rayos y los vientos

for my mother,
my greatest strength in this life.

for the lady of the wind and the lightning

pájaro
impreciso
este cuerpo carga la realidad
anda para y piensa
palpa la esencia
escribe
presente
y se cansa

ALZIRA RUFINO

imprecise
bird
this body bears reality
walks stops and thinks
gropes the essence
writes
present
and wearies

ALZIRA RUFINO

EL CUERPO COMO TERRITORIO DE RESISTENCIAS

El pensamiento occidental ha separado cuerpo y alma, cuerpo y sentimiento, cuerpo y espíritu, sin embargo, somos cuerpos y cuerpo es lo que somos. El cuerpo es la memoria de nuestras experiencias y vivencias, de nuestros deseos y búsquedas. Somos cuerpos, cuerpos que se piensan, cuerpos que sienten, cuerpos que se aman. Si algo aprendimos con las revoluciones sexuales ocurridas a lo largo del siglo pasado es que no se puede separar el cuerpo de las otras dimensiones del ser humano, pues el ser cuerpo es inherente a nuestra condición humana. Este no es el prefacio de un libro de filosofía, sino de poesía, sin embargo, el libro de Lubi Prates nos lleva exactamente a pensar el cuerpo, no un cuerpo cualquiera, pues no es suficiente afirmar que somos cuerpos, puesto que no todos los cuerpos experimentan la vida de la misma manera, es necesario contextualizar el cuerpo y Lubi lo hace, ella escribe sobre los cuerpos y cuerpas de nosotros, los/ las negros/ negras. La poética de Lubi es sobre lo que significa ser un cuerpo negro, un cuerpo exilado, un cuerpo de la diáspora, cuerpos que resisten a las dinámicas de poder que estructuran nuestras sociedades y que nos excluyen del derecho de ser cuerpos plenos.

Lubi Prates escribe desde este lugar de enunciación, desde un cuerpo que resiste, desde el cuerpo negro, un cuerpo que experimenta la existencia desde un lugar propio, el lugar de las afro-brasileiras y de los afro-brasileiros, un lugar que históricamente no fue escuchado, por el contrario, a lo largo de la historia otros fueron quienes dijeron como nuestro cuerpo debería ser, como nuestro cuerpo debería habitar esas tierras, pues nuestros cuerpos estaban al servicio de las miradas ajenas. La poética de Lubi desafía esa lógica colonizadora patriarcal, pues en sus poemas el cuerpo negro es sujeto estético y no objeto de las miradas blancas y eurocéntricas. El cuerpo en Lubi es libre para decirse, para narrar las experiencias que solo quienes han nacido en un cuerpo negro saben lo que significa. El cuerpo negro en Lubi Prates es un cuerpo empoderado, es un cuerpo que conoce sus raíces, por ende, conoce los dolores que esto supone, pero también las alegrías y resistencias que experimentamos nosotros y nosotras que somos los afros, las negras y los negros de este continente.

Lubi escribe desde este cuerpo que nació en occidente, pero que se reconoce como no occidental, pues somos nietos de África, somos herederos de aquellas y aquellos que atravesaron los océanos, traemos en nuestra piel la memoria de todo ese cruce y aunque quisiéramos contar nuestra historia de forma distinta, aunque presentáramos los documentos de ciudadanía,

aunque
yo trajera

para este país

mis documentos
mi diploma
todos los libros que leí
mis aparatos electrónicos o
mis mejores bragas

sólo verían
mi cuerpo

un cuerpo
negro.

Ser un cuerpo negro es ser un cuerpo exilado, esa es la condición que permea los versos de Lubi Prates. Desde el momento que empieza su libro, con un poema que se interroga sobre la condición de no pertenencia de nuestros cuerpos negros, nos encontramos con esa dinámica del cuerpo como un lugar estético, como un lugar de resistencia. En Lubi nos enocntramos con el cuerpo que se reconoce como un territorio donde confluyen siglos, luchas, esperanzas, encuentros y desencuentros. Lubi es negra, por esto, sabe que nuestros cuerpos son cuerpos de la diáspora y aunque pertenezcamos a este país, aunque seamos nacidos en este lado del océano, aunque seamos occidentales, occidente nunca nos ha aceptado totalmente. No podemos llamar patria a estas tierras, "cómo llamar patria/ al lugar donde nací" dice Lubi, "como llamar patria a esas tierras que nunca nos acogieron totalmente" reafirma, pero termina con un verso que nos permite pensar "sin embargo, aquí nacimos, aquí luchamos, aquí vivimos." Ya no somos africanos y tampoco pertenecemos totalmente a este lado del océano, por lo tanto, somos nuestro propio territorio, nuestro cuerpo es nuestra patria, es nuestra matria, cuerpos y cuerpas que se hacen casas.

Somos cuerpos sin lugares físicos, pero con lugares políticos definidos, somos cuerpos que resisten, somos cuerpos que reclaman el derecho a decirse y habitar ese continente como sujetos plenos. "Repiten repiten/ *matria*/

tan seguros/como si la palabra/existiera/ en el diccionario/ último lugar de validación". Si podemos ser existencialistas, nuestro existencialismo viene de esa no pertenencia, o de esa pertenencia exiliada. Un exilio, aunque en esa tierra nos encontremos con todas las bellezas naturales, aunque esa tierra nos ofrezca todo, hay algo que ella aún no nos ha ofrecido, el derecho a ser ciudadanos. Esa tierra aún es nuestro exilio, esa tierra aún sigue creando dinámicas que hacen que no pertenezcamos a ella, aunque presentáramos todos los documentos, esa tierra sigue siendo nuestro exilio. Al contrario del poeta Gonçalves Días, quien celebraba las bellezas de la tierra natal, Lubi reconoce esas bellezas, pero sabe que, aunque haya nacido en esa tierra, ella es su lugar de exilio, pues el racismo y las estructuras coloniales que todavía persisten, hacen que no seamos ciudadanos plenos. Por esto es necesaria la poesía, es necesario el arte, es necesario tomar la palabra para decir que ya no queremos ser exilio, queremos ser ciudadanos, queremos con nuestros cuerpos pertenecer a este territorio.

Nuestros cuerpos se han convertido en historia, en lenguaje, en un lenguaje propio. Ya no podemos decirnos con en lenguaje colonizador, es desde nuestro cuerpo que debemos resignificar el lenguaje y Lubi lo hace. En tiempos de revisionismo histórico, la poesía de Lubi defiende que seamos nosotros quienes hablemos de nosotros, pues no fue un crucero, no fue lo que ellos afirman, no fue sin lucha, no fue sin resistencia, nuestra historia está presente en nuestros cuerpos. Es tiempo de nosotros mismos nombrar nuestras luchas y nuestros deseos. La historia de los cuerpos negros pertenece a nosotros, por lo tanto, somos nosotros quienes estamos llamados a contar nuestra historia. La literatura ya no puede adueñarse de nuestras voces, ahora nosotros somos los que gritamos, ahora son los cuerpos negros quienes dicen y se hacen sujetos estéticos.

Lubi es poeta, trabaja con el lenguaje, su estética cuestiona, reinventa las palabras, devuelve contexto al lenguaje, la elección de las palabras son en su poética una forma de resistencia, frente al racismo, al machismo, al patriarcado, su poesía es una estética atravesada por distintas intersecciones, su poesía es la poesía de quien se reconoce como un lugar de enunciación. Leer a Lubi, para mí, fue reconocer a mi cuerpo negro, a mi pelo, a mi lugar de enunciación, como sujeto estético-poético. Lubi es resistencia, Lubi es política, Lubi es reflexión, sus poemas traen la narrativa de quien experimenta la vida desde el cuerpo negro, sus poemas duelen, sus poemas hablan de construir y reconstruir, de buscar nuestras raíces, porque nuestro cuerpo es un mapa. La poesía de Lubi es esencial para nuestra época, pues en poesía, la estética es contextual, en poesía la voz poética no está aislada del contexto. Lubi es su propia inspiración, sus versos tocan, sus versos cuestionan, sus versos, así como en un poema de Shirley Campbell Bar (rotundamente negra) son una celebración del cuerpo negro, este territorio estético de luchas y resistencias.

SÂNDRIO CÂNDIDO

THE BODY AS A TERRITORY OF RESISTANCE

The western thought has separated body and soul, body and feeling, body and spirit, nevertheless, we are bodies and body is what we are. The body is the memory of our experiences, of our desires and searches. We are body, we are bodies who think ourselves, bodies that feel, bodies that love. If we've learned something with the sexual revolutions throughout the last century, it is that the body cannot be separated from other dimensions of the human being, the body is inherent to our human condition. This is not a preface to a philosophy book, but a book of poetry. However, the work of Lubi Prates leads us to think the body and not any body, because it is not enough to affirm we are bodies since not all of us experiment life in the same way, it is necessary to contextualize the body, and Lubi does it, she writes about our black bodies. Lubi's poetics is about what means to have a black body, an exiled body, a diasporic body, bodies that resist the power dynamics that structure our societies and exclude us from the right of being complete bodies.

Lubi Prates writes from this place of enunciation, from her own place, the place of the afro-brazilian women and men. This place hasn't been historically heard, on the contrary, throughout history, once our bodies were at the service of others, they have said how our body should be, how our body should inhabit these lands. Lubi's poetics challenges this patriarcal colonizing logic, because the black body is the aesthetic subject in her poems, and not the object of the eurocentric and white view. The body in Lubi is free to tell itself, to narrate the experiences that only who was been born with a black body knows.

Lubi writes from the black body that was born in the western world, but that recognizes itself as non-western, because we are the grandchildren of Africa, we are heirs of those who have crossed the oceans, we bring in our skin the memory of all the crossings and although we want to tell our story in a different way, even if we present the citizenship documents,

> *and even if*
> *I brought*
>
> *my papers*
> *my diploma*
> *all the books I've read*
> *my electronics or*
> *my best panties*
>
> *to this country*
>
> *all they'd see*
> *is my body*
>
> *a black*
> *body.*

Being a black body is being an exiled body, this condition permeates the verses of Lubi Prates. Since the first moment in her book, with a poem that questions the ownership of our black bodies, we meet with the dynamic of the body as an aesthetic place, as a place of resistance. In her work, we face a body that recognizes itself as a territory where centuries converge with it's struggles, hopes, connections and disconnections. Lubi is black, so she knows that our bodies are bodies of the diaspora and even if we belong to this country, if we are born on this side of the ocean, even if we are western, the West has never fully accepted us. We can't call these lands patria, "how can I call/the place where I was born/patria" says Lubi, "how can we call patria these lands that have never fully accepted us" she reaffirms, but ends with a verse that allows us to think: "even so, here we were born, here we have fought, here we have lived". We are no longer africans, neither belong to this side of the ocean, therefore, we are our own territory, our body is our patria, our matria, bodies that are made home.

We are bodies without a physical location, but with political places defined, we are bodies that resist, we are bodies that reclaim the right to tell ourselves and inhabit this continent as complete subjects: "say it say it/ again and again/ matria/ with utter conviction/ as if the word/ existed/ in the dictionary/ the ultimate site of va- lidation." If we can be existentialist, our existentialism comes from this non-belonging, from this exiled belonging. It's an exile, even if we find all the natural beauties in this land, even if this land offers us everything, there is something that has not been offered to us yet, the right to be citizens. This land is still our exile, this land has continued to create dynamics that exclude us. Even if we presented all the documents, this land is still our exile. Unlike the poet

Gonçalves Dias, who celebrates the beauties of the homeland, Lubi recognizes those beauties, but knows that even if she was born in this land, it is her place of exile, because racism and the colonial structures still persist, they prevent us from being complete citizens. This is why poetry is necessary, art is necessary, it is necessary to tell the word that we no longer want to be exile, we want to be rightfull citizens, we want our bodies to belong to this territory.

Our bodies have been made history, language, our own language. We can no longer tell us in the colonizing language, it is from our body that we must resignify the language, and Lubi does it. In times of historical revisionism, Lubi's poetry defends that we are the ones who must speak about ourselves, because we did not come here in a cruise, it was not how they've affirmed, it was not without any struggle, it was not without resistance; our history is present in our bodies. It is time for us to name our struggles and our desires. The history of the black bodies belongs to us; therefore, we are the ones who are being called to tell our story, Literature can no longer possess our voices. Now we are the ones who shout, now it is our black bodies who say and make us aesthetic subjects.

Lubi is a poet, she works with language, her aesthetics poses questions, she reinvents words, resignifies the language in her poetics, her choice of words is a form of resistance against racism, sexism, patriarchy. Her poetry is an aesthetic crossed by different intersections; it is the poetry of someone who recognices itself as a place of enunciation. For me, reading Lubi made me recognize my black body, my hair, my place of enunciation as an aesthetic-poetic subject. Lubi is resistance, Lubi is politics,

Lubi is reflection, her poems bring the narrative of someone who experiences life from the black body, her poems hurt, her poems speak of building and rebuilding, of looking for our roots, because our body is a map. The poetry of Lubi is essential for our time, because in poetry, the aesthetic is contextualized, in poetry the poetic voice is not isolated from the context. Lubi is her own inspiration, her verses play, her verses question. Like in the poem of Shirley Campbell Bar (Definitely Black), her verses are a celebration of the black body, this aesthetic territory of struggles and resistances.

SÂNDRIO CÂNDIDO

MATRIA Y/O TIERRA MADRE

repiten repiten
matria
con tanta certeza
como si la palabra
existiera
en el diccionario
último lugar de validación.

pero no es madre
si permite
que te arranquen
el suelo y los pies
al mismo instante

no es madre
si inventa un barco
cuando te tiran
al mar
si fuerza las olas
para que llegue
más rápido
a lo desconocido

no es madre
si permite que grites
hasta la ronquera

MATRIA AND/OR MOTHER-LAND

say it say it
again and again
matria
with utter conviction
as if the word
existed
in the dictionary
the ultimate site of validation.

but it's not a mother
if it lets
them uproot you
soil and feet
all at once

it's not a mother
if it builds a ship
when they throw you
into the sea
if it forces the waves
to pull you
more quickly
into the unknown

it's not a mother
if it lets you scream
till you're hoarse

pero en un idioma
que nadie comprende.

repiten repiten
mátria
con tanta certeza
como si la palabra
existiera
en el diccionario
último lugar de validación.

de donde he venido
para donde siempre voy
a eso llamo patria

but in a language
no one understands.

say it say it
again and again
matria
with utter conviction
as if the word
existed
in the dictionary
the ultimate site of validation.

where I come from
where I always go
I have to call it
patria.

CÓMO llamar
patria

al lugar donde nací

ese útero geográfico
que me parió

cómo llamar
patria

al lugar donde nací

si parir es
una posibilidad   solo   femenina y

patria implica esa imagen
masculina & país implica esa
imagen masculina & el propio
padre en sí.

cómo no llamar
patria

a ese lugar donde nací

aunque sea el útero geográfico
que me parió,

HOW can I call
the place where I was born

patria

this geographical womb
that birthed me

how can I call
the place where I was born

patria

if birthing is an
only   female   possibility and

patria bears that
masculine image & fatherland bears that
masculine image & father
itself in it

how can I not call
this place where I was born

patria

aunque sea el útero geográfico
que me parió,

me expulsó:

madre no cabe en una patria.

if it's still a geographical womb
that birthed me, then

cast me out:

there's no room for a mother in a patria.

NO FUE UN CRUCERO

mi nombre y
mi lengua

mis documentos y
mi dirección

mi turbante y
mis rezos

mi memoria de
comidas y tambores

las olvidé en el navío
que me cruzó ·
por el Atlántico.

IT WASN'T A CRUISE

my name and
my tongue

my documents and
my direction

my turban and
my prayers

my memory of
food and drums

I forgot them on
the ship when it took me
over the Atlantic.

Si me arrancaron de raíz
fuerzo una cartografía
deseando la tierra

> porque los mares ya me dijeron absurdos
> y son apenas el camino:
> jamás alguna pista de destino.

si me arrancaron de raíz
fuerzo una cartografía
deseando la tierra
recuesto mi cuerpo en el suelo
en aquel ejercicio preescolar de
circundar   mi mano
                     mis brazos
                     pies piernas cabeza

para crear límites y decir: yo
para crear un territorio y decir: yo
para crear un mapa y decir: yo

si me arrancaron de raíz
fuerzo una cartografía
deseando la tierra
pues sobraron las semillas.

IF they uprooted me
I would impose a cartography
desiring the earth

> because the seas already told me absurdities
> were just a way:
> never any clue to destination.

if I were uprooted
I would impose a cartography
desiring the earth
I lay my body on the ground
in that preschool exercise
and draw
circles   with my hands
                 with my arms
                 with my feet legs head

to create boundaries and say: I
to create a territory and say: I
to create a map and say: I

if I were uprooted
I would impose a cartography
desiring the earth
because they left the seeds.

PARA ESTE PAÍS

para este país
traería

los documentos que me hacen persona
los documentos que comprueban: existo
suena tonto, pero aquí
todavía no tengo esta certeza: existo.

para este país
traería

mi diploma los libros que he leído
mi caja de fotografías
mis aparatos electrónicos
mis mejores calzones

para este país
traería
mi cuerpo.

para este país
traería
todas estas cosas
& más, pero

no me han permitido maletas

TO THIS COUNTRY

to this country
I'd bring

the papers that make me a person
the papers that prove I exist —
it seems silly, but here
I'm still not really sure I exist.

to this country
I'd bring

my diploma the books I've read
my box of photographs
my electronics
my best panties

to this country
I'd bring
my body

to this country
I'd bring all these things
& more, but

they didn't let me take my luggage

: el espacio era demasiado pequeño

el barco podría hundirse
el avión podría estrellarse

con el peso que tiene una vida.

para este país
traje

el color de mi piel
mi pelo rizado
mi idioma   materno
mis comidas favoritas
en la memoria de mi lengua.

para este país
traje
mis Orishas
sobre la cabeza
todo mi árbol genealógico
ancestros y raíces.

para este país
traje todas estas cosas
y más

: nadie se ha dado cuenta
de cuánto pesa mi equipaje.

: not enough room

that ship could have sunk

that plane could have crashed
with the weight of a life.

to this country
I brought

the color of my skin
my kinky hair
my mother   tongue
my favorite foods
on the memory of my tongue

to this country
I brought

my orixás
over my head
my whole family tree
ancestors, roots

to this country I brought all these things
& more

: nobody noticed,
but my baggage weighs so much.

¿No vio que tenía puesto la ropa de la escuela, mamá?
MARCOS VINICIUS DA SILVA, 14 años,
asesinado por la Policia Militar de Rio de Janeiro

Y aunque
yo trajera

para este país

mis documentos
mi diploma
todos los libros que leí
mis aparatos electrónicos o
mis mejores calzones

solo verían
mi cuerpo

un cuerpo
negro.

Didn't he see I was wearing my school clothes, mom?
MARCOS VINICIUS DA SILVA, 14 years old,
murdered by Military Police in Rio de Janeiro

AND even if
I brought

my papers
my diploma
all the books I've read
my electronics or
my best panties

to this country

all they'd see
is my body

a black
body.

TODO AQUÍ ES UN DESTIERRO

a pesar del sol
de las palmeras
de los zorzales

todo aquí es
un destierro.

todo aquí es
un destierro,

a pesar de los rostros
        casi todos negros
de los cuerpos
        casi todos negros
semejantes al mío.

todo aquí es
un destierro,

aunque yo confunda
la partida y la llegada,

aunque cuando llegue
apague
las olas que el navío
forzó en el mar

EVERYTHING HERE IS AN EXILE

despite the sun
on the palm trees
with their thrushes

everything here is
an exile.

everything here is
an exile,

despite the faces
        almost all of them black
despite the bodies
        almost all of them black
so much like mine.

everything here is
an exile,

though I mix up
departure and arrival.

though arrival
erases
the waves the ship
forced into the sea

aunque llegar
no impida
que mis ojos
sean África,

todo aquí es
un destierro.

though arrival
does not prevent
my eyes
from being Africa,

everything here is
an exile.

Condición: inmigrante

1.

desde que llegué
un perro me sigue

&

incluso si hay kilómetros
incluso si hay obstáculos

entre nosotros

siento tu aliento caliente
en mi cuello.

desde que llegué
un perro me sigue

&

no me deja
frecuentar los lugares de moda

no me deja
utilizar un dialecto diferente del de aquí
guardé mis argots en el fondo de la maleta
él gruñe.

CONDITION: IMMIGRANT

1

ever since I arrived
a dog follows me

&

even if there are kilometers
even if there are obstacles

between us

I feel its hot breath
on my neck.

ever since I arrived
a dog follows me

&

doesn't let me
go to the trendy places

doesn't let me
use a dialect different from the one they use here
I kept my slang in the bottom of the suitcase
he snarls.

desde que llegué
un perro me sigue

&

a ese perro lo apodé
inmigración.

2.

un país que te gruñe
una ciudad que te gruñe
calles que te gruñen:

igual que un perro salvaje

olvida aquella idea
infantil aquel recuerdo
infantil

de tu mano acariciando un perro
de tu mano acariciando

tu propio perro

se quedó en otro país
irónicamente, porque la rabia allá
no se controla

since I arrived
a dog follows me

&

that dog, i named it
immigration.

2.

a country that snarls at you
a city that snarls at you
streets that snarl at you:

like a feral dog

forget that childish
idea
that childish
memory

of your hand petting a dog
of your hand petting

your own dog

it stayed in another country
ironically, because rabies
isn't controlled there

aquí, tampoco:

un país que te gruñe
una ciudad que te gruñe
calles que te gruñen:

como un perro
: salvaje.

here, neither:

a country that snarls at you
a city that snarls at you
a street that snarls at you:

like a dog

: savage.

¿**QUIÉN** teme la palabra
NEGRO
cuando no excede
las páginas del diccionario y
del libro de Historia?

¿quién teme la palabra
NEGRO
cuando está estática o
cercada por otras palabras
en las páginas policiales?

quién teme la palabra
NEGRO
¿se transforma   en:
moreno mulato
cualquier cosa bien cerca de
cualquier cosa casi
blanco?

¿quién teme la palabra
NEGRO
si cuando yo digo
hace silencio?

¿quién teme la palabra
NEGRO
que yo no digo?

WHO'S afraid of the word
BLACK
when it doesn't go beyond
the pages of the dictionary and
the book of History?

who's afraid of the word
BLACK
when it's static
or surrounded by other words
on the police blotter?

who's afraid of the word
BLACK
if it turns into:
moreno mulato
anything very close to
anything almost nearly
white?

who's afraid of the word
BLACK
if when I say it
it makes a silence?

who's afraid of the word
BLACK
when I don't say it?

¿quién
teme la
palabra
NEGRO

cuando no hace persona:
carne hueso y furia?

who's
afraid
of
the
word
BLACK

when it doesn't make a person:
flesh bone and fury?

BIENVENIDO a este mapa
de un territorio sin fronteras.

bienvenido a este mapa
de un continente
que se alza
en cuerpos negros.

bienvenido a este mapa:

donde hay un conflicto que arde
en líneas
arriesgadas en mis espaldas.

donde hay idiomas diversos
olvidados en la memoria
de mi garganta.

bienvenidos a este mapa
de un continente
que se alza
en cuerpos negros.

bienvenido a este mapa:
donde hay una espada
lista para herir
en mi mano.

WELCOME to this map
of a borderless territory.

welcome to this map
of a continent
raised in black bodies.

welcome to this map:

where there is a conflict
burning in lines
etched on my back.

where there are different languages
forgotten in the memory
of my throat.

welcome to this map
of a continent
raised in black bodies.

welcome to this map:

where there is a sword
ready to wound
in my hand.

donde hay una cadena
que se deshace en mis pies
mientras planeo fugas.

bienvenido a este mapa
de un continente
que se alza
en cuerpos negros.

bienvenido a este mapa
de un territorio sin fronteras.

bienvenido a este mapa:

donde guardo
en mi vientre
una revolución.

where a chain
breaks apart at my feet
while I plan my flight.

welcome to this map
of a continent
raised in black bodies.

welcome to this map
of a borderless territory.

welcome to this map:

where I hold
revolution
in my womb.

Piel que habito

mi piel es mi dormitorio
mi piel es todas las habitaciones
donde me alimento donde me acuesto donde finjo
      algo de confort.

mi piel es mi casa
con las paredes descubiertas
      una falta de cuidado
: siempre necesita más
para ser casa.

mi piel no es un estado
sin gobierno.

mi piel es un país
aunque demasiado lejano   para mis brazos
aunque ni siquiera camine sobre su territorio
aunque yo no domine su lenguaje.

mi piel no es cáscara
es un mapa: donde África ocupa
todos   los   espacios:
cabeza útero pies

donde los mares se hacen con
mis lágrimas.

THE SKIN I LIVE IN

my skin is my bedroom.
my skin is all the rooms
where I feed myself where I lie down feigning
          the smallest comfort

my skin is my house
its walls are bare
          for lack of care
: something more is always needed
to be a home.

my skin is no
ungoverned state.

my skin is a country
though it's too far away   for my arms
though I can't even walk its territory
though I haven't mastered its language.

my skin is no husk
it's a map: where Africa occupies
every   space:
head uterus feet

where the seas are made of
my tears.

mi piel es un mundo
que no es solo mío.

my skin is a world.
it isn't just mine.

ES en mis espaldas
donde guardo la historia
del antes
del después.

una memoria preservada
       más allá de los artificios tecnológicos
en el código genético
que me determinó determinará
negra.

es en mis espaldas
que guardo la historia
del antes   silenciado

del después   trazado en el ahora.

es en mis espaldas
donde yo guardo la historia
del antes: bajar la cabeza
los azotes destruyen el silencio

es en mis espaldas
que el desgarro abre sangra cicatriza,
pero permanece.

es en mis espaldas
que yo guardo la historia
del después: este osar alzarse,
un edificio que se construye
desde los escombros.

ON my back
I keep the history
of the before
of the after.

a memory preserved
        beyond technological artifice
in the genetic code
that determined
that will determine me
black.

on my back
I keep the history
of the before   silenced
of the after   traced in the now.

on my back
I keep the history
of the before: the back bent
for the whip destroying silence
on my back
the rip opens bleeds heals,
but remains.

on my back
I keep the history
of the after: this daring to rise,
a building raised
out of rubble.

ME arrancaron los ojos
cada pelo de mi cuerpo,
cortaron mi lengua.
me arrancaron uña por uña,
de los pies y de las manos.
cortaron mis senos y mi clítoris,
cortaron mis orejas,
me rompieron la nariz.
hincharon mi boca y otros orificios
de monstruos:
ellos devoraron todo.
solo quedó el hueco.
entonces, ellos comieron ese resto,
se limpiaron los labios.

después, vomitaron.

THEY tore out my eyes
and every hair on my body,
they cut out my tongue.
they pulled out my nails
one by one,
hands and feet.
they cut off my breasts and my clitoris,
they cut off my ears,
they broke my nose.
they filled my mouth and other voids
with monsters:
they devoured everything.
only the hollow was left.
so they ate what was left,
and they wiped their lips.

then they threw up.

DIVERSAS teorías
dicen que
mi cuerpo
este cuerpo
está en el ápice
de su formación

dicen que
a partir de acá
es declive.

yo tengo más de
treinta años

pero

¿cuándo
un cuerpo negro
está completo?

yo tengo
todos los órganos
todos los miembros
pero sé que
dentro de poco
van a arrancarme
el estómago

SEVERAL theories say
my body
this body
is at the peak
of its formation

they say
from here on in
it's in decline.

i'm over
thirty

but

when is
a black body
complete?

I have
all my organs
all my limbs
but I know that
very soon
they'll rip out
my stomach

entonces
yo no estaré
completa.

¿cuándo
un cuerpo negro
está completo?

cuando me arranquen
el estómago
tal vez
crezca otro en su lugar
  entonces, yo estaré en formación
o tal vez
yo cargue
eternamente
con la falta
  entonces, yo no estaré completa.

¿cuándo
un cuerpo negro
está completo?

cuando yo haya superado
yo sé que
balas
perdidas
alcanzarán mi cuerpo
  este eterno blanco

and then
I won't be
complete.

when is
a black body
complete?

when they rip out
my stomach
maybe
another will grow in its place
    and then I'll be in formation
or maybe
I'll deal
without it
forever
    and then I won't be complete.

when is
a black body
complete?

and once I've recovered
I'll still know
stray
bullets
will hit my body
    this eternal target

entonces
yo no estaré
completa.

¿cuándo
un cuerpo negro
está completo?

tal vez
mis vísceras y
mi piel se renueven
          entonces, yo estaré en formación
o tal vez
yo cargue
eternamente
con la falta.

¿cuándo
un cuerpo negro
está completo?

diversas teorías
dicen que
mi cuerpo
este cuerpo
está en el ápice
de su formación

dicen que
a partir de acá
es declive.

so I
won't be
complete.

when is
a black body
complete?

maybe
my guts and
my skin will grow back
         and then I'll be in formation
or maybe
I'll deal
without them
forever.

when is
a black body
complete?

several theories say
my body
this body
is at the peak
of its formation

they say
from here on in
it's in decline.

yo tengo más de
treinta años

pero

si
un cuerpo negro
se forma
por violencias

¿cuándo
un cuerpo negro
está completo?

i'm over
thirty

but

if
a black body
is formed
by violence

when is
a black body
complete?

MI CUERPO ES MI LUGAR DE HABLA

mi cuerpo es
mi lugar de habla

aunque
la voz sea
apenas
un resto
rascando la garganta.

mi cuerpo es
mi lugar
de habla

y yo hablo
con mis cabellos y
mis ojos y
mi nariz.

mi cuerpo es
mi lugar
de habla

y yo hablo
con mi raza.

MY BODY IS MY PLACE OF SPEECH

my body
is my place
of speech

though
its voice
is just
residue
scratching in my throat.

my body
is my place
of speech

and I speak
with my hair and
my eyes and
my nose.

my body
is my place
of speech

and I speak
with my race.

mi cuerpo
lo llamaría
territorio

si pudiera
inventar
un idioma propio.

mi cuerpo es
mi lugar
de habla,

mi cuerpo es
mi territorio:

un camino
siempre
insuficiente

construido
desde los
escombros

moldeado por
violencias

tantas veces invadido.

mi cuerpo es
mi territorio:

I'd name
my body
territory

if I could
invent a language
of its own.

my body
is my place
of speech,

my body is
my territory:

an always
insufficient
pathway

opened
through
rubble

molded by
violence

so often invaded.

my body is
my territory:

la frontera
guarda el limite

un vacío
en el lugar del
estómago.

mi cuerpo es
mi lugar
de habla.

aunque
la voz sea
apenas
un resto
rascando la garganta

mi cuerpo
lo llamaría
territorio

si pudiera
inventar
un idioma
propio.

mi cuerpo
cuenta
por sí solo
historias
más allá de mí.

the border
guards its limit

an emptiness
in the place of
the stomach.

my body
is my place
of speech

though
its voice
is just
residue
scratching in my throat.

I'd name
my body
territory

if I could
invent a language
of its own.

my body
on its own
tells
histories
beyond me.

SER mujer es una bendición
ser mujer es generar & poder parir
ser mujer es tener concha, dos senos, un culo grande.

ser mujer es
ser rubia, tener ojos claros, nunca descabellarse
es tener sangre que escurre por las piernas & no dejar que
noten cuando

corras
nades
bailes

ser mujer es una bendición
y desde la Biblia es ser apedreada quemada muerta
una contradicción

yo descubrí ahora que
no soy mujer

estoy viva
nunca quemada
nunca apedreada

yo descubrí ahora que
no soy mujer
soy negra, tan solo una negra

BEING a woman is a blessing
being a woman is being able to conceive & give birth
being a woman is having a pussy, two breasts, a big butt

being a woman is
being blond and blue-eyed and never scruffy
it's having blood flow between your legs & not letting an-
yone see it even when

you run
you swim
you dance

being a woman is a blessing
and in the Bible it's being stoned burnt killed
a contradiction

I've just found out
I'm not a woman

I'm alive
never been burnt
never been stoned

I've just found out
I'm not a woman
I'm black, just black

y la sangre que sale de mi vientre
dejo que sea río
que vuelva a la tierra y

corro
nado
bailo

me descabello

descubrí ahora que
no soy mujer

tengo pene
solo un seno
la cadera estrecha
jamás parí

descubrí ahora que
no soy mujer

ser mujer es una bendición.

and I let the blood from my womb
be a river
that runs back to earth and

I run
I swim
I dance

I go scruffy

I've just found out
I'm not a woman

I have a cock
just one breast
narrow hips

never gave birth

I've just found out
I'm not a woman

being a woman is a blessing.

HASTA AQUÍ, HASTA LLEGAR A MÍ

tú traes en la boca
todo el gusto del mar
y yo intento adivinar
en vano
cuántos océanos has cruzado
até aqui, até mim
qué océanos has cruzado
até aqui, até mim
para guardar en ti
tanta agua, tanta sal
en cada gota de saliva.

tú traes en la piel
todos los tonos de la tierra
y yo intento adivinar
en vano
cuántos continentes has recorrido
até aqui, até mim
qué continentes has recorrido
até aqui, até mim
para guardar en ti
tanto color y ese olor
que se acentúa cuando llueve.

HASTA AQUÍ, HASTA LLEGAR A MÍ

you bring in your mouth
all the taste of the sea
and I try and I fail
to guess
how many oceans you crossed
hasta aquí, hasta llegar a mí
which oceans you crossed
hasta aquí, hasta llegar a mí
to keep in yourself
so much water, so much salt
in every drop of saliva.

you bring on your skin
all the tones of the earth
and I try and I fail
to guess
how many continents as you traveled
hasta aquí, hasta llegar a mí
which continents you traveled
hasta aquí, hasta llegar a mí
to keep in yourself
so much color and that scent
that heightens when it rains.

tú dices reconocer
el gusto del mar que traigo en la boca
los tonos de la tierra que traigo en la piel
entonces es fácil darse cuenta de que
cruzamos recorrimos
los mismos océanos los mismos continentes
até aqui

: somos hijos de África

y todo lo que contamos a través de nuestros cuerpos
habla sobre nosotros, pero en la profundidad de la
memoria guarda a nuestros ancestros.

you said you recognize
the taste of sea I bring in my mouth
the tones of land I bring on my skin
so we clearly see
we crossed we traveled
the same oceans the same continents
hasta aquí

: we are children of Africa
and everything we tell through our bodies
speaks about us, but in the depths of memory
it holds our ancestors.

NOS hicimos más grandes
que un continente

agrupamiento de
kilómetros
de tierra

apenas con nuestros cuerpos
uno sobre el otro

nos hicimos más grandes
que un continente

aislados por océanos
o diseñando fronteras entre
todo lo que era nuestro y
el resto.

nos hicimos más grandes
que un continente

y no necesitamos
guerra hincar banderas
colonizar el otro hablar
ese territorio es mío.

nos hicimos más grandes
que un continente e

WE became bigger
than a continent

a cluster of
kilometers
of land

made only with our bodies
one over the other.

we became bigger
than a continent

isolated by oceans
or crossing boundaries between
everything that was ours and
what's left.

we became bigger
than a continent

and we didn't need a war
we didn't need to plant a flag
or colonize the other to say
this territory is mine.

we became bigger
than a continent and

inventamos
un lenguaje propio.

nos hicimos más grandes
que un continente.

nos hicimos más grandes
que un continente y

ni siquiera percibimos cuando
nuestras tierras se secaron y
surgió una ranura
la grieta que hay entre mis piernas se hizo profunda
hasta alcanzar aguas que pueden
mover las placas tectónicas

las aguas que pueden
separar los cuerpos
las aguas tan inconscientes
bajo el lodo que tenemos todos.

nos hicimos más grandes
que un continente y

preveo

demorará siglos milenios
en matar nuestra civilización.

we invented
a language of our own.

we became bigger
than a continent.

we became bigger
than a continent and

didn't even see it
when our lands dried up
and the crack appeared:

the existing fissure between my legs deepened
and the waters rose and rose
till tectonic plates could move

and the waters rose and rose
till bodies could separate

the waters so unconscious beneath
the mire we all have in us.

we became bigger than a continent, and

I foresee

it will take centuries millennia
for us to kill our civilization.

nos hicimos más grandes
que un continente y

preveo

demorará siglos milenios
alcanzar la distancia que hay
entre América Latina y África.

we became bigger
than a continent and

I predict

it will take centuries millennia
for us to to reach the distance
between Africa and Latin America.

PERDÍ tu cuerpo negro
en la ciudad

durante aquella primavera
que tuvimos.

perdí tu cuerpo negro
en la ciudad

porque no nos alcanzamos:
corrimos en direcciones opuestas
cuando la policía llegó.

perdí tu cuerpo negro
en la ciudad

y solo descubrí
por las noticias

sobre tu cuerpo negro
alcanzado por balas de goma

sobre tu cuerpo negro
detenido porque tenía
una botella de desinfectante
en la mochila

I LOST your
        black body
I lost your
        black body
in the city

during that spring
we had.

I lost your
        black body
in the city

because we couldn't reach each other:
we ran in opposite directions
when the cops showed up.

I lost your
        black body
in the city

and only found out
in the news

how your
        black body
was hit by rubber bullets

sobre tu cuerpo   negro
siempre en el límite entre
la vida y la muerte.

perdí tu cuerpo   negro
en la ciudad

y tu cuerpo negro
podría ser mi cuerpo

negro.

how your   black body
was on the edge between
life and death.

I lost your   black body
in the city

and your   black body
could be my

black body.

NUNCA ESTUVISTE DELANTE DEL HORROR

tienes los ojos muy abiertos
y nunca estuviste delante
del horror,

nunca viste una ciudad bombardeada
una ciudad destruida
una ciudad vaciada por la guerra.

nunca estuviste delante
del horror,

nunca llegaste a otro continente
sin saber decir palabra
solo con tu nombre y la angustia en la boca
nunca fuiste deportado a un país que no existía más.

tienes los ojos muy abiertos
y nunca estuviste delante
del horror,

nunca sentiste un arma
apuntada a tu cabeza
mientras repetía: *es un engaño*
no eres negro, siempre
tuviste seguridad,

You've Never Stood Before the Horror

you've got those wide eyes of yours
and you've never stood before
the horror,

you've never seen a city bombed
a city destroyed
a city emptied by war.

you've never stood before
the horror,

you never arrived on another continent
without knowing how to say a word
with only your name and the anguish in your mouth
you were never deported to a country that no longer ex-
isted.

you've got those wide eyes of yours
and you've never stood before
the horror,

you never felt a gun
pointed at your head
while you kept saying: *it's a mistake*

you're not black,
you've always been safe,

nunca sentiste el hambre
que te impide lamentar levantarse
aguantar
nunca perdiste el tejado
para la tempestad.

nunca estuviste delante
del horror,

podés cerrar los ojos.

you never felt hunger
keep you from mourning standing
enduring
you never lost your roof
to the storm.

you've never stood before
the horror,

you can shut your eyes now.

CUANDO oí
la frase
por primera vez
siquiera sabía oir-
hablar-reproducir
lo que salía de la boca
de ellos.

después, yo ya era niña
oí
la frase
tantas veces
delante de las lágrimas
por las rodillas rayadas
por el diente roto
por la aguja que invadía
la carne.

así, repitieron
repitieron
la frase
incontables veces
por algunas muertes
por algunas partidas

porque yo estuve ahí
una mujer
de corazón duro y
con las manos vacías.

WHEN I heard
that sentence
for the first time
I didn't even know
how to hear-
say-mimic
what came out
of their mouths.

then, as a child
I heard
that sentence
so many times
in response to tears
over scraped knees
a broken tooth
a needle invading
my flesh.

they said
that sentence
again and again
countless times
over a few deaths
a few farewells

because I was

a woman
with a hard heart
and empty hands.

si yo pudiera rescatar
a aquella niña
que fui
con esta voz que tengo
respondería:
yo no quiero ser fuerte.

y es
exactamente
en eso donde está la fuerza.

if I could go back
and be the child
I was
and keep the voice I have now
I'd answer: I don't want to be strong.

and that's
exactly
where strength lives.

ACERCA DE LA AUTORA

Lubi Prates (1986, São Paulo, Brasil) es poeta, editora y traductora. Además de *un cuerpo negro*, que recibió la beca de creación y publicación de poesía del PROAC (Programa de Ação Cultural), ha publicado otros dos libros, *coração na boca* (2012) e *triz* (2016). Sus poemas también han integrado diversas antologías nacionales e internacionales. Es socia fundadora y editora de *nosotros, editorial* y es editora de la revista literaria *Parênteses*. Organiza antologías y festivales literarios y enseña cursos de escritura poética. Se dedica, principalmente, a acciones para combatir la invisibilidad de mujeres y negros.

ABOUT THE AUTHOR

Lubi Prates (1986, São Paulo, Brazil) is a poet, editor and translator. In addition to *a black body*, which received the grant of creation and publication of poetry PROAC (Programa de Ação Cultural), has published two other books, *coração na boca* (2012) and *triz* (2016). Her poems have also integrated various national and international anthologies. She is a founding member and publisher of *nosotros editorial* and publisher of the literary magazine *Parênteses*. Lubi organizes anthologies, literary festivals and teaches courses in poetic writing. She is mainly dedicated to actions against the invisibility of women and black people.

ÍNDICE

UN CUERPO NEGRO

El cuerpo como territorio de resistencias · 15

ÍNDICE

UN CUERPO NEGRO

The body as a territory of resistance · 21

Colección
VIVO FUEGO
Poesía esencial
(Homenaje a Concha Urquiza)

1
Ecuatorial / Equatorial
Vicente Huidobro

Colección
CUARTEL
Premios de poesía
(Homenaje a Clemencia Tariffa)

1

El hueso de los días.
Camilo Restrepo Monsalve

-

V Premio Nacional de Poesía
Tomás Vargas Osorio

Colección
CRUZANDO EL AGUA
Poesía traducida al español
(Homenaje a Sylvia Plath)

Colección
MUSEO SALVAJE
Poesía latinoamericana
(Homenaje a Olga Orozco)

Colección
SOBREVIVO
Poesía social
(Homenaje a Claribel Alegría)

1
#@nicaragüita
María Palitachi

2
La edad oscura / As Seem by Night
Violeta Orozco

Colección
TRÁNSITO DE FUEGO
Poesía centroamericana y mexicana
(Homenaje a Eunice Odio)

Colección
LABIOS EN LLAMAS
Poesía emergente
(Homenaje a Lydia Dávila)

Colección
MEMORIA DE LA FIEBRE
Poesía feminista
(Homenaje a Carilda Oliver Labra)

Colección
VEINTE SURCOS
Antologías colectivas
(Homenaje a Julia de Burgos)

1
Antología 2020 / Anthology 2020
Ocho poetas hispanounidenses / Eight Hispanic American Poets
Luis Alberto Ambroggio

Para los que créen, igual que Wislawa
Szymborska, que somos todos hijos de
los tiempos y los tiempos son políticos
este libro se terminó de imprimir
simultáneamente en el mes de octubre
de 2020 en los Estados Unidos de
América; en Buenos Aires, en Abisinia
Editorial; y en Bogotá, en los talleres de
Imagen Editorial, en papel bulky de
59.2 g. y tipografía Garamond, con un
tiraje de 300 ejemplares.